PROLOGUE.

SCENE PREMIE´RE.

La Fe´e qui préside aux Spectacles paroît
seule sur le Théatre: Aussi-tôt que l'ou-
verture est finie, elle récite les Vers
suivans.

LA FE´E DES SPECTACLES, seule.

Par quelle étrange destinée,
Moy, Souveraine des Plaisirs ;
Moy, de tous les Mortels, l'amour & les desirs,
Me trouvai-je icy seule & presqu'abandonnée ?
Quoy ? la Scene est sans Ornemens
Suis-je donc cette même Fée,
Qui tant de fois aux yeux de la Cour étonnée
Y fis briller mille Agrémens ?

A ij

Hélas ! dans ces heureux momens
Du plus grand des Héros j'étois favorisée,
Et quand pour travailler à ses amusemens
          Ma puissance est presqu'épuisée,
Ose-t'on publier que j'en suis méprisée ?
Par les soins importans qu'il doit à l'Univers,
Il est vrai, prés de luy ma place est usurpée,
          A domter cent Monstres divers,
          A tenir la Discorde aux fers,
          Sa grande ame est toute occupée.
          Mais parmi la tranquillité
          Dont on joüit sous sa Puissance,
Le Héros glorieux qui luy doit la Naissance,
          Commet à mon experience
          Le soin de quelque nouveauté
          Dont l'agrément ou la magnificence
Contente avec éclat sa curiosité,
          Et soit digne de la presence
          De sa jeune posterité.
Quel tems à leurs plaisirs puis-je mieux consacrer
          Que celuy d'une Paix profonde
Qu'un Roy toûjours Vainqueur vient de nous assûrer ?
Comme Luy quelque jour chargez du soin du Monde,
Et jaloux comme Luy de s'en faire adorer,
          Tantôt parmi le bruit des armes,
Avides de Lauriers qu'ils voudront moissonner,
          Tantôt soigneux au retour des allarmes
D'éterniser la Paix qu'ils viendront de donner

PROLOGUE.

Sans cesser d'estimer mes charmes
Ils se verront forcez de les abandonner.
Profitons des momens que la gloire leur laisse,
Pour goûter d'innocens plaisirs,
A leur en faire naître occupons-nous sans cesse,
Et joüissons long-tems de leurs heureux loisirs ;
Vous, mes Sœurs, Filles fortunées,
Qui comblez les Mortels des plus rares faveurs,
Esprits Divins, sçavantes Fées,
D'un nouveau zéle animez les Auteurs,
Choisissez d'excellens Acteurs,
Rassemblez tout ce qui peut faire
Les délices des Spectateurs ;
Sur tous également versez les Dons de plaire,
Aux applaudissemens disposez tous les Cœurs,
Qu'à vous seconder tout s'empresse ;
Que les Jeux, les Plaisirs, amenent les Amours ;
Qu'ils viennent amuser cette Auguste Jeunesse,
Et s'il se peut, qu'ils la suivent toûjours.

QUAND la Fée des Spectacles a cessé de parler,
plusieurs Instrumens de Musique se font en-
tendre, & joüent un Air qui donne le tems
aux Fées & aux Plaisirs de se placer sur le
Théatre.

SCENE DEUXIE'ME.

UNE FE'E DES PLAISIRS chante.

La voix de nôtre Souveraine
Nous appelle en des Lieux charmans,
Et nous obéïssons sans peine
A de si doux Commandemens.

LE CHOEUR.

La voix de nôtre Souveraine
Nous appelle en des Lieux charmans,
Et nous obéïssons sans peine
A de si doux Commandemens.

LA FE'E.

Dans ces Lieux la Saison rassemble
Les plus Augustes Demi-Dieux ;
Tendres Plaisirs, aimables Jeux ;
Accourez tous, unissez-vous ensemble,
Venez habiter avec eux,
Un séjour si délicieux.

LE SUIVANT de la Fée des Plaisirs.

Ne songeons qu'à nous réjoüir,
Aux Plaisirs tout nous convie,
Les plus doux charmes de la vie
Sont si promts à s'évanoüir.
Ah ! quelle folie !
De n'en pas joüir.

PROLOGUE.

Laiſſons à d'innoçens deſirs
Emporter ſur nous la Victoire ;
Nous donnerons un jour tous nos ſoins à la Gloire ;
Donnons quelque tems aux Plaiſirs.

Les Fées & les Plaiſirs témoignent par leurs Danſes le penchant qu'ils ont à ſuivre le Projet qu'on leur propoſe ; Ils ſont troublez par l'arrivée de la Sageſſe.

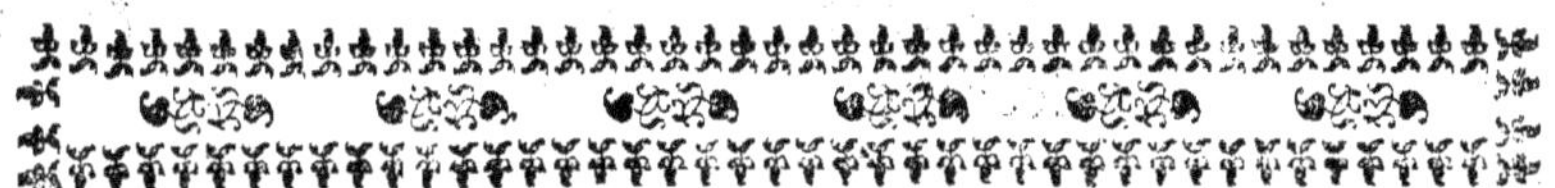

SCENE TROISIEME.

LA SAGESSE.

Arrêtez, Troupe téméraire,
En vain, par des charmes flateurs ,
Vous croyez icy pouvoir plaire,
Offrez à de plus foibles cœurs
Vos Attraits enchanteurs :
Un cœur, à qui la gloire eſt chére,
N'eſt point ſenſible à vos douceurs.

LA FE'E DES PLAISIRS.

Pourquoy murmurez-vous, trop ſévére Sageſſe ?
Nous n'offrons en ces Lieux que des Jeux innocens ;
S'ils ſçavent enchanter les ſens,
Ils n'inſpirent jamais une indigne foibleſſe.

PROLOGUE.

LE SUIVANT de la Fée des Plaisirs.

Nous ne pouvons affujettir
Les cœurs foûmis à vôtre Empire ;
Quand les charmes ne peuvent nuire
Pourquoi vouloir s'en garantir ?
Nous ne cherchons point à féduire,
Nous ne voulons que divertir.

Les Fées & les Plaifirs font leur Cour à la Sageffe, & ils
tâchent de la fléchir en leur faveur.

LA SAGESSE.

Les plus fimples amufemens
Sont les plus propres à furprendre ;
En vain je cherche à me défendre
De vous donner quelques momens :

Je fens un plaifir extrême
A demeurer avec vous,
Que le penchant doit être doux
Qui force la Sageffe à céder elle-même !

LA FE'E DES PLAISIRS,
ET LE SUIVANT de la Fée.

Ecoûtez nos Concerts, préfidez à nos Jeux,
Vous en augmenterez la Pompe & l'Allegreffe ;
Jours fortunez ! Momens heureux !
Où l'on voit les Plaifirs conduits par la Sageffe !
                                    LE CHŒUR.

PROLOGUE.

LE CHOEUR.

Ecoûtez nos Concerts, préſidez à nos Jeux,
Vous en augmenterez la Pompe & l'Allegreſſe;
Jours fortuneʒ! Momens heureux
Où l'on voit les Plaiſirs conduits par la Sageſſe!

Les Fées & les Plaiſirs continuënt de chercher à plaire
à la Sageſſe, & ils la perſuadent enfin, de leur être
favorable.

LA FE'E DES PLAISIRS,
Et le Suivant de la Fée.

Chantez Peuples, chantez le Héros glorieux,
Dont vôtre Bonheur eſt l'ouvrage;
L'Exemple qu'il offre à vos yeux
Inſtruit à faire un innocent uſage
De nos Dons les plus précieux.

LA FE'E.

Par ſes ſoins vigilans, ſa ſageſſe profonde,
Le vice eſt par tout abattu,
Il a donné la Paix au Monde,
Pour faire en ſes Etats triompher la Vertu.

LE CHOEUR.

Par ſes ſoins vigilans, ſa ſageſſe profonde,
Le vice eſt par tout abattu,
Il a donné la Paix au Monde,
Pour faire en ſes Etats triompher la Vertu.

Les Fées & les Plaiſirs danſent, pendant que le Chœur
chante ces quatre Vers; Et cette Entrée finit le Pro-
logue.

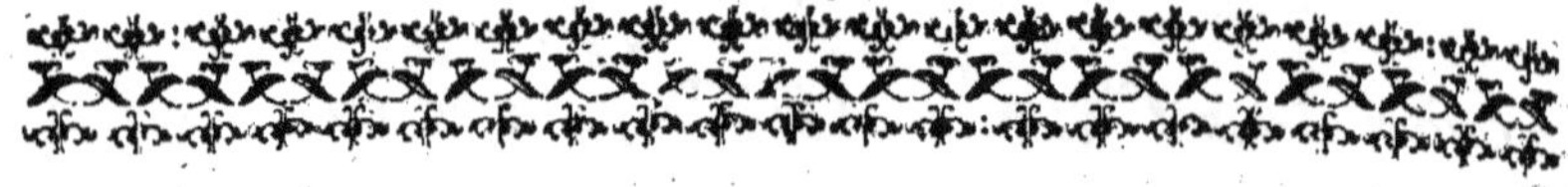

ACTEURS
CHANTANS
DANS LES INTERMEDES.

PREMIER INTERMEDE.

Remier Habitant de l'Isle Fortunée, Monf. Brossard.
Second Habitant, Monsieur Gaye.
Une Habitante de l'Isle Fortunée,　　Mademoif. Defenclos.

SECOND INTERMEDE.
Habitant de l'Isle Inconnuë,　　Monsieur Baftaron.
Habitante de l'Isle Inconnuë,　　Mademoiselle Baftaron.

TROISIEME INTERMEDE.
Un Habitant de l'Isle Inconnuë,　　Monsieur Baftaron.
Une Fée des Plaifirs,　　Mademoiselle Chappe.
Une Habitante de l'Isle,　　Mademoiselle Defenclos.
Un Suivant de la Fée des Plaifirs,　　Monsieur Jonquet.

I. INTERMEDE.

Les Habitans de l'Isle Fortunée viennent rendre Hommage à la Princesse Cléonide, que Zirphilin, leur Prince, doit épouser.

DIFFERENTS HABITANS DE L'ISLE FORTUNE'E, chantans.

Habitans de l'Isle Fortunée, dansans,

Monsieur Ballon.

Messieurs Germain, Dumirail, Favier cadet, & Lestang.

Habitantes de l'Isle Fortunée, dansantes,

Mademoiselle Subligny.

Mesdemoiselles Beauchamps, Dufort, Desplasses, & Godefroy.

UNE HABITANTE DE L'ISLE FORTUNE'E.

'Est l'Amour qui nous amene,
Et la Fortune qui nous suit;
Notre victoire est certaine,
Par tout où l'on nous conduit,
C'est l'Amour qui nous amene,
Et la Fortune qui nous suit.

LE PETIT CHOEUR.

C'est l'Amour qui nous amene,
Et la Fortune qui nous suit.

HABITANTE DE L'ISLE.

Par nos soins, d'une Inhumaine,
L'orgueil est bien-tôt détruit.
C'est l'Amour qui nous amene,
Et la Fortune qui nous suit.

LE PETIT CHOEUR.

C'est l'Amour qui nous amene,
Et la Fortune qui nous suit.

ON DANSE UNE FORLANE.

Le premier Habitant de l'Isle adresse les Paroles suivantes
à la Princesse Cléonide.

Du Prince heureux qui nous tient sous sa Loy,
Nous venons vous rendre l'Hommage,
La Fortune & l'Amour seront icy le Gage
De sa constance & de sa Foy.

C'est à ces deux Divinitez,
Qu'il doit sa gloire & sa puissance,
Elles ont mis sous son obéïssance
Des climats enchantez,
Où l'on joüit en abondance
Des plus rares félicitez.

HABITANTE DE L'ISLE.

L'Amour favorise
Nos Vœux les plus doux ;
La Fortune épuise
Ses faveurs pour nous.

LE PETIT CHOEUR.

L'Amour favorise
Nos Vœux les plus doux,
La Fortune épuise
Ses faveurs pour nous.

LA PREMIE'RE HABITANTE DE L'ISLE.

Du bonheur extrême
Que nous sentons tous,
Dans leur gloire même
Les Dieux sont jaloux.

LE PETIT CHOEUR.

Du bonheur extrême
Que nous sentons tous,
Dans leur gloire même
Les Dieux sont jaloux.

ON DANSE UNE SALTARELLE.

II. HABITANT DE L'ISLE FORTUNE'E.

Venez, Princesse charmante,
Venez regner en des lieux fortunez.

LE CHOEUR.

Venez, Princesse charmante,
Venez regner en des Lieux fortunez.

II. HABITANT DE L'ISLE

Répondez à nôtre attente,
Venez joüir des biens qui vous font destinez.
Venez, Princesse charmante,
Venez regner en des Lieux fortunez.

LE CHOEUR.

Venez, Princesse charmante,
Venez regner en des Lieux fortunez.

Ier HABITANT DE L'ISLE.

Un tendre Amant quelquefois importune,
Quand l'Amour seul offre ses vœux,
Il deviendroit bien-tôt heureux,
S'il faisoit parler la Fortune.

IIe. HABITANT DE L'ISLE.

Jeunes Beautez, cédez sans violence,
Aimez, aimez à vôtre-tour.
Un cœur fait peu de resistance
Dés que la Fortune & l'Amour
Sont pour l'assujettir, tous deux d'intelligence.

ON DANSE UNE CONTRE-DANSE.

LE CHOEUR.

Venez, Princesse charmante,
Venez regner en des Lieux fortunez ;
Répondez à nôtre attente,
Venez joüir des biens qui vous font deftinez.
Venez, Princesse charmante,
Venez regner en des Lieux fortunez.

II. INTERMEDE.

LES Habitans de l'Isle Inconnuë accompagnent Ashbel, leur Souverain, qui doit épouser la Princesse Incgilde, & ils vantent l'avantage de leur sagesse sur celle des autres Peuples.

HABITANS ET HABITANTES DE L'ISLE INCONNUE chantans.

Plusieurs Habitans de l'Isle Inconnuë, dansans,

Monsieur Pecourt.

Messieurs Favier l'aîné, Boutteville, Faüre, & Dumirail.

CHOEUR.

Ue le sort d'un Sage est charmant;
Que la sagesse plaît à qui sçait la connoître;
Pour devenir Sage aisément,
Il faut chez nous apprendre à l'être.

UN HAB.

UN HABITANT DE L'ISLE INCONNUE.

Nous Habitons sous d'inconnus Climats,
Où la sagesse la plus pure
Instruit à suivre pas à pas
Les douces Loix de la Nature.

UNE HABITANTE DE L'ISLE INCONNUE.

Une aimable tranquillité
Régne toûjours sur nôtre heureux Rivage
L'interêt & la vanité
N'en ont point encor écarté
L'innocence du premier âge.

PETIT CHOEUR.

Sçavoir joüir des vrais plaisirs,
N'avoir ni besoin ni richesse,
C'est le seul but de nos desirs,
Et l'objet de nôtre sagesse.
Heureux, heureux un cœur
Qui sçait goûter un tel bonheur.

HABITANTE DE L'ISLE.

Sans épines dans nos Plaines
La Rose n'aît en tout tems,
Et l'Amour donne aux Amans
Ses plus doux plaisirs sans peines.

C

 # INTERMEDES

HABITANT DE L'ISLE.

Toujours contens de nos Deſtins,
Parmi les Jeux & les Fêtes,
Nous voyons loin des tempêtes
Meurir nos Bleds & nos Raiſins.

PETIT CHOEUR.

Heureux, heureux un cœur
Qui ſçait goûter un tel bonheur.

HABITANT DE L'ISLE.

Jeunes cœurs que le plaiſir touche,
Et qui ne le trouvez que dans l'emportement,
D'un dangereux deréglement,
La Sageſſe vous effarouche.

Vous en jugeriez autrement,
Si ſous ſes propres traits vous la voyez paroître;
Pour devenir Sage aiſément,
Il faut chez nous apprendre à l'être.

GRAND CHOEUR.

Que le ſort d'un Sage eſt charmant,
Que la Sageſſe plaît à qui ſçait la connoître;
Pour devenir Sage aiſément
Il faut chez nous apprendre à l'être.

FIN DU SECOND INTERMEDE.

III·INTERMEDE.

LES FE'ES & les Plaisirs, attirez par la Fée de la Raison, viennent honorer les Nôces des deux Princesses : Les Peuples de l'Isle Fortunée & ceux de l'Isle Inconnuë se réjoüissent de voir la Fée de la Sagesse en bonne intelligence avec celle des Plaisirs.

PLUSIEURS HABITANS DE L'ISLE INCONNUE, chantans,

Monsieur Beauchamps.

Messieurs Favier l'aîné, Boutteville, Germain, Lestang. Dumirail, Favier cadet, & Mercier.

Habitans & Habitantes de l'Isle Inconnuë, & de l'Isle Fortunée, dansans.

Messieurs Faüre & Ballon.

Mademoiselle Beauchamps,

Mesdemoil. Godefroy, Desplaces, Subligny, & Dufort.

HABITANT DE L'ISLE INCONNUE.

Ue de toutes parts on s'assemble
Pour celébrer ce Jour heureux,
La Raison met d'accord ensemble
La Sagesse & les plus doux Jeux.

INTERMEDES

LE CHOEUR.

Que de toutes parts on s'assemble
Pour celébrer ce Jour heureux ;
La Raison met d'accord ensemble,
La Sagesse & les plus doux Jeux.
Que de toutes parts on s'assemble
Pour celébrer ce Jour heureux ;

UNE FE'E DES PLAISIRS.

Quittez, Bergers, vos retraites,
Venez dans ce charmant Séjour
Au milieu des douceurs parfaites
Il regne un air dans cet Cour
Aussi pur qu'aux lieux où vous êtes.

UNE HABITANTE DE L'ISLE FORTUNE'E.

Cœurs enyvrez des délices,
De la Fortune & de l'Amour,
Craignez leurs trompeurs artifices,
Venez joüir dans cette Cour
D'un sort exemt de leurs caprices.

CHACONNE.

UN SUIVANT de la Fée des Plaisirs,

Può saggio cuore
Su'l mar d'amore
Cercar ventura
Ma se d'á vento infido,
Si turban l'Onde él Ciel s'obscura ;
Déh suggi ô mio cuor tourna al lido
Può saggio cuore
Su'l mar d'amore
Cercar ventura.

Reprife de la Chaconne.

LA FÉE DES PLAISIRS.

Quelqu'ardeur qui nous entraîne
Dans nôtre jeune faifon,
Nous devons fuivre fans peine
Les confeils de la Raifon,

Des rigueurs d'une Inhumaine
Elle adoucit le poifon ;
Et dés que l'Amour nous gêne
Elle en force la prifon.

Quelqu'ardeur qui nous entraîne
Dans nôtre jeune faifon,
Nous devons fuivre fans peine
Les confeils de la Raifon.

HABITANT DE L'ISLE INCONNUE.

Tout icy bas aux Mortels eft foûmis,
Tout au Monde eft fait pour leur plaire
Et tout plaifir devient permis
Par l'ufage qu'on en fçait faire.

TRIO.

La Sageffe eft trop fevére,
Le Plaifir trop dangereux,
Quand la Raifon les modére,
Qu'ils ont de charmes tous deux !

GRAND CHOEUR.

Chantons sans cesse & nous réjoüissons,
Passons heureusement la vie,
Que tout l'Univers porte envie
Au bonheur dont nous joüissons.
Chantons sans cesse & nous réjoüissons,
Passons heureusement la vie.

FIN.